POR EL PLACER DE VIVIR

CÉSAR LOZANO

POR EL PLACER *valentía* DE VIVIR

* 2026 *

AGUILAR

El papel utilizado para la impresión de este libro ha sido fabricado a partir de madera procedente de bosques y plantaciones gestionadas con los más altos estándares ambientales, garantizando una explotación de los recursos sostenible con el medio ambiente y beneficiosa para las personas.

Penguin Random House Grupo Editorial

Por el placer de vivir 2026

Primera edición: agosto, 2025

ISBN: 978-607-386-173-1

Impreso en México – *Printed in Mexico*

Esta obra se terminó de Imprimir
en el mes de Agosto de 2025,
en los talleres de Impresora y Editora Infagon, S.A. de C. V.,
Ciudad de México.

ESTA AGENDA PERTENECE A:

SI LA ENCUENTRAS, CONTÁCTAME EN:

2026

PALABRAS DE BIENVENIDA

Vivimos con estrés, preocupaciones, inquietudes, con conflictos en el trabajo o familiares, con la duda de saber qué pasará mañana, si tendremos salud, si nuestros seres queridos tendrán lo necesario para vivir, si habrá un plato de comida en nuestra mesa... y con tantas inquietudes muchas veces somos incapaces de enfrentar los desafíos, tomar las mejores decisiones y buscar salida a las dificultades.

Por eso en este 2026, te invito a optar por la valentía para enfrentar todas tus complicaciones y desafíos para este año.

Sí, ser valiente para elegir lo mejor para ti y los tuyos, para lograr tu bienestar; ser valiente y esforzarte para ser un mejor padre, un mejor amigo, un mejor hermano.

Ser valiente para romper los lazos con relaciones que te dañan, valentía para decir basta a lo que te lastima, porque debes amarte mucho para amar bien a los demás, a los tuyos, a tus hijos, a tus amistades, a tus padres.

Sí, querida amiga, querido amigo, ser valiente para no padecer la energía tóxica de los envidiosos, la sombra pesada de los negativos, las palabras llenas de resentimiento de las personas que atiborran el club de los adoradores de la queja perpetua o los metiches que sólo llevan sus intrigas de un lado a otro.

Así es, la valentía es la respuesta. Valentía para no dejarte consumir en chismes ni intrigas, valentía para trabajar en tu prosperidad, para tener una mejor salud y, sobre todo, valentía para ser guía, ejemplo de que con la actitud positiva puedes lograr tus propósitos en la vida.

Este 2026, quiero que juntos seamos valientes para hacer a un lado las adversidades, para entender que hay cosas que no podemos cambiar y para trabajar con amor y honestidad en lo que nos sirve, nos ayuda, nos hace felices. Cada mes y cada día quiero que vayamos de la mano para ser valientes y con esfuerzo, dedicación y muchos deseos, busquemos todo eso que nos ofrece claridad, sólo, **¡por el placer de vivir!**

César Lozano

* ESCRIBE TRES METAS O PROPÓSITOS PARA PRACTICAR LA VALENTÍA DURANTE ESTE AÑO: *

- ______________________________

____

____

- ______________________________

____

____

- ______________________________

____

____

Enero

Sé valiente: da el primer paso

L	M	M	J	V	S	D
			1	2	3	**4**
5	6	7	8	9	10	**11**
12	13	14	15	16	17	**18**
19	20	21	22	23	24	**25**
26	27	28	29	30	31	

Empezar algo nuevo siempre da un poco de miedo, te lo digo por experiencia. Ya sea un nuevo trabajo, un proyecto personal, una relación o simplemente cambiar la rutina; el primer paso siempre parece el más complicado. Pero justo ese primer paso es el que nos abre las puertas a nuevas oportunidades y experiencias que pueden sorprendernos.

Es natural sentir miedo ante lo desconocido. La mente humana está diseñada para buscar seguridad y evitar riesgos innecesarios. Sin embargo, el crecimiento personal y profesional sólo ocurre cuando nos atrevemos a salir de nuestra zona de confort. Cada gran logro en la historia ha sido resultado de alguien que decidió vencer sus temores y tomar la iniciativa.

¿Por qué es importante atreverse a empezar?

1. **Aprendizaje y crecimiento.** Cada nuevo reto trae consigo experiencias valiosas que nos ayudan a mejorar.

2. **Desarrollo de la confianza**. Al enfrentar nuestros miedos, fortalecemos nuestra seguridad y autoestima.

3. **Oportunidades inesperadas.** Muchas veces, lo que comienza como un pequeño paso termina convirtiéndose en algo grandioso.

4. **Evitar el arrepentimiento.** El miedo puede llevarnos a posponer decisiones importantes. Pero con el tiempo, lo que más lamentamos no es haber fallado, sino nunca haberlo intentado.

Claves para vencer el miedo y dar el primer paso

1. **Aceptar el miedo como parte del proceso.** No se trata de no sentir miedo, sino de actuar a pesar de él.

2. **Tener una visión clara**. Saber por qué queremos hacer algo nos dará la motivación necesaria para seguir adelante.

3. **Dividir el camino en pequeños pasos.** Grandes cambios pueden parecer abrumadores, pero si los dividimos en acciones más pequeñas, serán más manejables.

4. **Rodearse de apoyo.** Contar con personas que nos motiven y nos impulsen hace una gran diferencia.

5. **Aceptar que los errores son parte del aprendizaje.** No todo saldrá perfecto al primer intento, pero cada tropiezo nos acerca más al éxito.

Ser valiente no significa no sentir miedo, sino decidir que algo es más importante que ese miedo. Dar el primer paso es el inicio de una nueva historia, una nueva posibilidad y una nueva versión de nosotros mismos. La clave está en atreverse, confiar en nuestras capacidades y recordar que cada gran camino comienza con un solo paso.

¡Es momento de empezar!

UNOS MINUTOS PARA REFLEXIONAR:

*

El primer paso no elimina el miedo, pero sí **empieza a demostrarte que eres capaz.**

Enero

LU	MA	MI	JU
			1
5	6	7	8
12	13	14	15
19	20	21	22
26	27	28	29

Por el placer de vivir

2026

VI	SA	DO
2	3	4
9	10	11
16	17	18
23	24	25
30	31	

NOTAS DEL MES

....
....
....
....
....
....
....
....
....
....
....
....
....
....
....
....
....
....
....
....
....
....
....
....
....
....

Enero

	JUEVES
	1

* Constancia, fortaleza y esperanza,
tres ingredientes fundamentales
para mantener la valentía. *

VIERNES	SÁBADO
2	3

DOMINGO

4

PRIORIDADES:

TAREAS PENDIENTES:

SOY VALIENTE POR: ____

Enero

LUNES	MARTES
5	6
MIÉRCOLES	**JUEVES**
7	8

* Nada grande comenzó sin ese intento lleno de dudas, pero lleno de ganas. *

VIERNES	SÁBADO
9	10

DOMINGO
11

PRIORIDADES:

TAREAS PENDIENTES:

SOY VALIENTE POR: ______________________________

____

____

____

Enero

LUNES	MARTES
12	13

MIÉRCOLES	JUEVES
14	15

* Llena tu vida de esperanza y verás
que la valentía viene por añadidura. *

VIERNES	SÁBADO
16	17

DOMINGO	
18	

PRIORIDADES:

TAREAS PENDIENTES:

SOY VALIENTE POR: ____________________

Enero

LUNES	MARTES
19	20
MIÉRCOLES	**JUEVES**
21	22

* Decide ser valiente
y deja que Dios haga lo suyo. *

VIERNES	SÁBADO
23	24

DOMINGO
25

PRIORIDADES:

TAREAS PENDIENTES:

SOY VALIENTE POR: ____

____

____

____

Enero

LUNES	MARTES
26	27

MIÉRCOLES	JUEVES
28	29

* Mucho de lo bueno que hemos vivido no estaba planeado. Bendigo las puertas que se abrieron y agradezco por las que se cerraron. *

VIERNES	SÁBADO
30	31

DOMINGO

1

PRIORIDADES:

TAREAS PENDIENTES:

SOY VALIENTE POR: ____________________

____

____

____

Febrero

Sé valiente: acepta tu vulnerabilidad

L	M	M	J	V	S	D
						1
2	3	4	5	6	7	**8**
9	10	11	12	13	14	**15**
16	17	18	19	20	21	**22**
23	24	25	26	27	28	

A veces parece que vivimos en un mundo donde hay que ocultar lo que sentimos, mostrarnos siempre fuertes y evitar cualquier señal de debilidad. Pero la verdad es que ser valiente no es aparentar que nada nos afecta, sino aceptar que sentimos miedo, tristeza, alegría o dudas. La verdadera fortaleza está en enfrentar las cosas con honestidad y sin miedo al qué dirán.

Todos sentimos emociones, todos atravesamos momentos de duda y dolor. Negarlas sólo nos aleja de nosotros mismos y de los demás. Al contrario, reconocer lo que sentimos nos permite crecer, conectar con los otros y desarrollar una mayor inteligencia emocional.

Cuando aceptamos nuestras emociones, aprendemos sobre nuestras necesidades, deseos y límites; así fortalecemos nuestras relaciones. La autenticidad nos permite conectar de manera genuina con los demás. Reducimos el estrés y la ansiedad ya que reprimir emociones puede generar tensión y malestar. Enfrentarlas nos libera y nos da paz. Además, nos hace más resilientes, al aceptar nuestra vulnerabilidad, aprendemos a gestionar mejor los desafíos de la vida.

Claves para enfrentar nuestras emociones con valentía

1. **Darnos permiso para sentir.** No hay emociones "buenas" o "malas". Cada sentimiento tiene un significado y nos ayuda a comprender nuestra realidad.

2. **Expresarlas de manera saludable.** Hablar con alguien de confianza, escribir o practicar el arte son formas de canalizar lo que sentimos.

3. **Aprender de cada experiencia.** En lugar de temer a nuestras emociones, podemos verlas como oportunidades de aprendizaje.

4. **Pedir ayuda cuando sea necesario.** Buscar apoyo es una muestra de inteligencia y no de debilidad.

5. **Practicar la autocompasión.** Tratarnos con amor y paciencia nos ayuda a enfrentar cualquier emoción sin juicio ni culpa.

Aceptar nuestra vulnerabilidad no nos hace débiles, nos hace valientes. Sentir, expresar y enfrentar nuestras emociones nos permite vivir de manera más plena y auténtica. La verdadera fortaleza está en reconocer que somos humanos, con miedos y alegrías, y en darnos el permiso de ser quienes realmente somos.

UNOS MINUTOS
PARA REFLEXIONAR:

*

La fortaleza no está en esconder lo que sientes,

sino en tener el valor de

abrazarlo sin juzgarte.

Febrero

LU	MA	MI	JU
2	3	4	5
9	10	11	12
16	17	18	19
23	24	25	26

Por el placer de vivir

2026

VI	SA	DO
		1
6	7	8
13	14	15
20	21	22
27	28	

NOTAS DEL MES

Febrero

LUNES	MARTES
2	3
MIÉRCOLES	**JUEVES**
4	5

* ¡Ya cuéntate otra historia!
No te conviertas en víctima eterna.
Entre más te cuentes la historia
de dolor, más sufres. *

VIERNES	SÁBADO
6	7

DOMINGO	
8	**PRIORIDADES:**
	TAREAS PENDIENTES:

SOY VALIENTE POR: ______________________

Febrero

LUNES	MARTES
9	10

MIÉRCOLES	JUEVES
11	12

* No tengo el control de las palabras o acciones de los demás, pero sí de mi reacción. *

VIERNES	SÁBADO
13	14

DOMINGO	
15	**PRIORIDADES:** **TAREAS PENDIENTES:**

SOY VALIENTE POR: ____________________

Febrero

LUNES	MARTES
16	17
MIÉRCOLES	**JUEVES**
18	19

* Mostrarte como eres, con tus virtudes y defectos, es un acto de amor propio y valentía. *

VIERNES	SÁBADO
20	21

DOMINGO	
22	PRIORIDADES:
	TAREAS PENDIENTES:

SOY VALIENTE POR: ______________________________

____

____

____

Febrero

LUNES	MARTES
23	24
MIÉRCOLES	**JUEVES**
25	26

* La valentía se mide por tu capacidad de adaptación a lo que no puedes cambiar y tu fortaleza para aceptar lo irremediable. *

VIERNES	SÁBADO
27	28

DOMINGO
1

PRIORIDADES:

TAREAS PENDIENTES:

SOY VALIENTE POR: ______________________________

____

____

____

Marzo

Sé valiente: haz las paces con tus miedos

L	M	M	J	V	S	D
						1
2	3	4	5	6	7	**8**
9	10	11	12	13	14	**15**
16	17	18	19	20	21	**22**
23	24	25	26	27	28	**29**
30	31					

El miedo es una de esas emociones que puede jugar a nuestro favor o en nuestra contra. A veces nos protege de peligros reales, pero muchas otras veces nos detiene y no nos deja avanzar. Enfrentar nuestros miedos con valentía en vez de huir de ellos es una de las mejores decisiones que podemos tomar. No se trata de hacerlos desaparecer, sino de aprender a convivir con ellos y seguir adelante de todos modos. Recuerdo mi primera conferencia, sentía que me temblaban las manos y que no podía ni pensar con claridad. Pero lo hice, con miedo y todo. Y cuando terminé, me di cuenta de que el miedo no tenía tanto poder como yo creía.

El miedo es una respuesta natural ante lo desconocido o lo que percibimos como una amenaza. Sin embargo, muchas veces tememos cosas que existen sólo en nuestra mente, como el miedo al fracaso, al rechazo, al cambio, a no ser suficientes. Reconocer que el miedo es parte de la experiencia humana nos permite verlo desde una perspectiva más objetiva y manejable.

Es importante hacer todo lo que esté en nuestras manos para enfrentar esos miedos que nos invaden, ya que cuando superamos un miedo, ganamos confianza en nosotros, nos libera al dejar de huir de lo que tememos, nos permite vivir con más tranquilidad y autenticidad. Cada desafío que enfrentamos nos ayuda a evolucionar y a descubrir nuestro verdadero potencial. Enfrentar el miedo nos da control sobre nuestra vida, ya que evita que él tome decisiones por nosotros.

Para hacer las paces con el miedo...

- **Identifícalo.** Pregúntate qué es exactamente lo que te da miedo y por qué.
- **Acepta su presencia.** En lugar de resistirlo, reconócelo como parte del proceso de crecimiento.
- **Cuestiona su veracidad**. ¿Es un miedo real o sólo una percepción limitante?
- **Divide el problema en pasos pequeños.** Enfrentar los miedos de manera gradual ayuda a que parezcan menos intimidantes.

- **Cambia la perspectiva.** Ver el miedo como un maestro en lugar de un enemigo puede hacer una gran diferencia.
- **Toma acción a pesar del miedo.** La valentía no es la ausencia de miedo, sino la capacidad de seguir adelante a pesar de él.

Hacer las paces con nuestros miedos es un acto de valentía y de amor propio. Nos permite recuperar el control, salir de nuestra zona de confort y construir una vida más plena. No se trata de no sentir miedo, sino de no dejar que nos paralice. Atrévete a enfrentarlo, porque del otro lado del miedo siempre hay una nueva oportunidad esperando por ti.

UNOS MINUTOS PARA REFLEXIONAR:

*

Ser valiente no significa evitar el miedo, sino **enfrentar con fe lo que se presenta día a día.**

Marzo

LU	MA	MI	JU
2	3	4	5
9	10	11	12
16	17	18	19
23	24	25	26
30	31		

Por el placer de vivir

2026

VI	SA	DO
		1
6	7	8
13	14	15
20	21	22
27	28	29

NOTAS DEL MES

....
....
....
....
....
....
....
....
....
....
....
....
....
....
....
....
....
....
....
....
....
....
....
....
....
....

Marzo

LUNES	MARTES
2	3
MIÉRCOLES	**JUEVES**
4	5

* Cuando el miedo te susurre que no puedes... demuéstrale que sí.

*

VIERNES	SÁBADO
6	7

DOMINGO	
8	**PRIORIDADES:** **TAREAS PENDIENTES:**

SOY VALIENTE POR: ______________________________

____

____

____

Marzo

LUNES	MARTES
9	10
MIÉRCOLES	**JUEVES**
11	12

* El día que decidí ser valiente fue el día
que decidí enfrentar con fe y osadía
lo que depende y no depende de mí. *

VIERNES	SÁBADO
13	14

DOMINGO	
15	**PRIORIDADES:** **TAREAS PENDIENTES:**

SOY VALIENTE POR: ______________________

Marzo

LUNES	MARTES
16	17
MIÉRCOLES	**JUEVES**
18	19

* El valor no es que no tengas miedo, sino que no te rindas. *

VIERNES	SÁBADO
20	21

DOMINGO	
22	**PRIORIDADES:** **TAREAS PENDIENTES:**

SOY VALIENTE POR: ______________________________

____

____

____

Marzo

LUNES	MARTES
23	24
MIÉRCOLES	**JUEVES**
25	26

* El miedo sólo tiene poder si decides no enfrentarlo. *

VIERNES	SÁBADO
27	28

DOMINGO
29

PRIORIDADES:

TAREAS PENDIENTES:

SOY VALIENTE POR: ______

Abril

Sé valiente: atrévete a expresar lo que sientes sin herir.

L	M	M	J	V	S	D
		1	2	3	4	**5**
6	7	8	9	10	11	**12**
13	14	15	16	17	18	**19**
20	21	22	23	24	25	**26**
27	28	29	30			

Decir la verdad no siempre es fácil, pero sí es un acto de valentía. A veces nos da miedo que nos rechacen, que se enojen o que no nos entiendan, y por eso preferimos callar. Pero ser honestos, siempre con respeto y empatía, no sólo mejora nuestras relaciones, sino que también nos ayuda a vivir más tranquilos, sin cargar con lo que no decimos, además, nos permite ser auténticos.

Ser sinceros con los demás y con nosotros es fundamental para construir la confianza en cualquier tipo de relación. La verdad nos ayuda a establecer límites sanos, a evitar malentendidos y a fortalecer la comunicación. Cuando hablamos con la verdad, mostramos nuestra esencia y damos espacio para conexiones más genuinas y profundas.

Muchas veces evitamos decir la verdad por miedo al rechazo, porque tememos que al expresar lo que sentimos la otra persona no lo acepte o se aleje. Queremos evitar conflictos, ya que muchas veces la verdad puede generar discusiones y preferimos callar.

Otro de los motivos que nos impiden expresar lo que creemos o lo que sentimos, es la falta de confianza en uno mismo, puesto que dudamos de si nuestras emociones o pensamientos son válidos.

Hoy te quiero recomendar cinco estrategias que te ayudarán a decir la verdad sin herir a los demás.

1. **Hazlo con empatía.** Antes de hablar, piensa en cómo recibiría la otra persona tus palabras.

2. **Usa un tono adecuado.** No es sólo lo que decimos, sino cómo lo decimos.

3. **Elije el momento correcto.** La verdad dicha en el instante adecuado puede generar una mejor comprensión.

4. **Sé asertivo.** Expresa tus pensamientos con claridad y respeto, sin imponerlos ni invalidar los de los demás.

5. **Evita juicios y culpas.** Enfócate en compartir tu perspectiva sin atacar o responsabilizar a otros.

Hablar con la verdad es un acto de coraje y autenticidad. Nos permite establecer relaciones más honestas, fortalecer nuestra autoestima y vivir sin la carga de ocultar lo que realmente sentimos. La clave está en combinar la verdad con la empatía, expresándonos con respeto y amor, tanto hacia los demás como hacia nosotros mismos.

UNOS MINUTOS
PARA REFLEXIONAR:

*

Expresa lo que sientes con la firme convicción de no herir a quien amas.

No confundamos la sinceridad con la imprudencia.

Abril

LU	MA	MI	JU
		1	2
6	7	8	9
13	14	15	16
20	21	22	23
27	28	29	30

Por el placer de vivir

2026

VI	SA	DO
3	4	5
10	11	12
17	18	19
24	25	26

NOTAS DEL MES

Abril

LUNES	MARTES
30	31
MIÉRCOLES	**JUEVES**
1	2

*

Expresar lo que sientes no te hace débil, te hace libre.

*

SEMANA 1 DE 5

VIERNES	SÁBADO
3	4

DOMINGO
5

PRIORIDADES:

TAREAS PENDIENTES:

SOY VALIENTE POR: ______________________

____

____

____

Abril

LUNES	MARTES
6	7
MIÉRCOLES	**JUEVES**
8	9

* Lo que no se dice se acumula...
y, a veces, explota. *

VIERNES	SÁBADO
10	11

DOMINGO
12

PRIORIDADES:

TAREAS PENDIENTES:

SOY VALIENTE POR: ____________________

____

____

____

Abril

LUNES	MARTES
13	14
MIÉRCOLES	**JUEVES**
15	16

* Decir lo que sientes puede cambiar tu día, tu relación, tu vida. *

VIERNES	SÁBADO
17	18

DOMINGO
19

PRIORIDADES:

TAREAS PENDIENTES:

SOY VALIENTE POR: ____________________

Abril

LUNES	MARTES
20	21

MIÉRCOLES	JUEVES
22	23

*

Se valen las diferencias de opinión;
pero todo aquello que te daña fuertemente
y callas, afecta para siempre la relación.

*

VIERNES	SÁBADO
24	25

DOMINGO
26

PRIORIDADES:

TAREAS PENDIENTES:

SOY VALIENTE POR: ______________________

____

____

____

Abril

LUNES	MARTES
27	28
MIÉRCOLES	**JUEVES**
29	30

* Que tus pensamientos incluyan siempre la fe, y permite que Dios haga lo suyo. *

VIERNES	SÁBADO
1	2

DOMINGO	
3	**PRIORIDADES:** **TAREAS PENDIENTES:**

SOY VALIENTE POR: ______________________________

____

____

____

Mayo

Sé valiente: alza la voz por los demás

L	M	M	J	V	S	D
				1	2	**3**
4	5	6	7	8	9	**10**
11	12	13	14	15	16	**17**
18	19	20	21	22	23	**24**
25	26	27	28	29	30	**31**

Ser valiente no siempre significa hacer cosas extraordinarias. A veces, la valentía está en los pequeños actos: hablar por alguien que no puede, defender a quienes nadie escucha, enfrentar una injusticia, aunque vaya en contra de la mayoría. En un mundo donde muchas veces parece más fácil pensar sólo en uno mismo, tener el valor de preocuparte por los demás es algo que realmente marca la diferencia.

Ser valiente también significa salir de uno mismo y mirar hacia el otro. No es fácil ponerse en los zapatos de los demás, sobre todo cuando eso implica incomodarnos, actuar o incluso arriesgarnos. Pero es precisamente ese gesto de empatía y acción lo que hace que el mundo sea un lugar más justo y humano.

Cuando no hacemos nada ante una injusticia, podemos convertirnos, sin querer, en parte del problema. Defender a otros es reconocer el valor de cada ser humano, especialmente de los más vulnerables.

Cuando alguien se atreve a defender lo justo, motiva a más personas a hacer lo mismo. Y un gesto solidario puede ser el inicio de un cambio profundo en una familia, un grupo o una sociedad entera.

Ser valiente al servicio de los demás es alzar la voz y no quedarnos callados ante el abuso, la injusticia o la discriminación. Es ser apoyo para quien lo necesita, estar presente, brindar una palabra, marcar la diferencia. Es denunciar lo injusto, usar nuestras plataformas, redes o espacios para visibilizar lo que otros prefieren ignorar. Es educar con el ejemplo, mostrar con nuestras acciones que se puede ser firme, justo y compasivo al mismo tiempo. Es unirse a causas nobles, participar o colaborar con iniciativas que protejan y empoderen a los más desprotegidos.

La valentía no siempre se trata de luchar por uno mismo, sino de tener el coraje de luchar por los demás. Es tender la mano cuando todos se alejan, es decir "esto no está bien" cuando todos callan. Defender a los más vulnerables no sólo revela nuestra fuerza, sino también nuestra humanidad.

¡Seamos valientes, no sólo para cambiar nuestra vida, sino para cambiar el mundo de quienes más nos necesitan!

UNOS MINUTOS PARA REFLEXIONAR:

*

Quedarse callado ante una injusticia es **ser cómplice en silencio.**

Mayo

LU	MA	MI	JU
4	5	6	7
11	12	13	14
18	19	20	21
25	26	27	28

Por el placer de vivir

2026

VI	SA	DO
1	2	3
8	9	10
15	16	17
22	23	24
29	30	31

NOTAS DEL MES

....

....

....

....

....

....

....

....

....

....

....

....

....

....

....

....

....

....

....

....

....

....

....

....

....

Mayo

LUNES	MARTES
4	5
MIÉRCOLES	**JUEVES**
6	7

* Si tu voz incomoda, tal vez estás diciendo lo que otros no se atreven.

*

VIERNES	SÁBADO
8	9

DOMINGO
10

PRIORIDADES:

TAREAS PENDIENTES:

SOY VALIENTE POR: ____________________

Mayo

LUNES	MARTES
11	12
MIÉRCOLES	**JUEVES**
13	14

* Que tus palabras y miradas expresen bondad y esperanza. *

VIERNES	SÁBADO
15	16

DOMINGO
17

PRIORIDADES:

TAREAS PENDIENTES:

SOY VALIENTE POR:

Mayo

LUNES	MARTES
18	19
MIÉRCOLES	**JUEVES**
20	21

* Quien protege a otro, demuestra que el amor es más poderoso que el miedo.

*

VIERNES	SÁBADO
22	23

DOMINGO
24

PRIORIDADES:

TAREAS PENDIENTES:

SOY VALIENTE POR: ______________________

____

____

____

Mayo

LUNES	MARTES
25	26
MIÉRCOLES	**JUEVES**
27	28

*

No es tu voz la que molesta,
sino el peso de tu verdad.

*

VIERNES	SÁBADO
29	30

DOMINGO
31

PRIORIDADES:

TAREAS PENDIENTES:

SOY VALIENTE POR: ______________________________

____

____

____

Junio

Sé valiente: sal de tu zona de confort

L	M	M	J	V	S	D
1	2	3	4	5	6	**7**
8	9	10	11	12	13	**14**
15	16	17	18	19	20	**21**
22	23	24	25	26	27	**28**
29	30					

La zona de confort es ese lugar donde todo es conocido y seguro, donde nada nos sorprende ni nos saca de control. Y claro, ahí nos sentimos tranquilos. Pero si nos quedamos ahí demasiado tiempo, nos estancamos. No aprendemos cosas nuevas, no nos desafiamos, y nos perdemos muchas oportunidades de crecer. A veces, salir de esa comodidad da miedo, pero es ahí donde realmente pasa lo bueno.

Salir de la zona de confort no significa aventarse sin pensar, sino animarse a dar pasos hacia lo nuevo, hacia esos retos que nos hacen crecer. Cada vez que nos atrevemos a cruzar esa línea que nos asusta, estamos confiando en nosotros, en que podemos aprender, adaptarnos y salir más fuertes.

El crecimiento personal, la creatividad, la confianza y el descubrimiento de nuestras verdaderas capacidades están fuera de la zona de confort. Allí es donde se encuentra el aprendizaje real, donde se forman los recuerdos más significativos y donde descubrimos que somos mucho más valientes de lo que pensábamos.

Salir de la zona de confort también nos enseña a lidiar con la incomodidad, con el error y con la incertidumbre. Nos muestra que fracasar no es el fin del mundo, sino parte del camino. Que equivocarse es una forma poderosa de aprender. Que el miedo puede ser una señal de que estamos a punto de crecer.

No siempre será fácil. Habrá momentos de duda, de tropiezos, incluso de ganas de regresar a lo conocido, pero con cada paso fuera de esa zona, ganamos cosas invaluables como son la experiencia, la sabiduría, la fortaleza y una visión más amplia de lo que somos capaces de lograr.

Salir de la zona de confort es un acto de valentía. Es elegir el crecimiento por encima de la comodidad, es apostar por una versión más plena de nosotros. Así que atrévete, porque sólo cuando te aventuras fuera de lo conocido, comienzas realmente a vivir.

UNOS MINUTOS PARA REFLEXIONAR:

*

El que no tiene valor, se queda

en la zona de confort.

Junio

LU	MA	MI	JU
1	2	3	4
8	9	10	11
15	16	17	18
22	23	24	25
29	30		

Por el placer de vivir
2026

VI	SA	DO
5	6	7
12	13	14
19	20	21
26	27	28

NOTAS DEL MES

....

....

....

....

....

....

....

....

....

....

....

....

....

....

....

....

....

....

....

....

....

....

....

....

....

....

Junio

LUNES	MARTES
1	2
MIÉRCOLES	**JUEVES**
3	4

* Estamos en este mundo para dos cosas:
para aprender lecciones y para ser felices. *

VIERNES	SÁBADO
5	6

DOMINGO
7

PRIORIDADES:

TAREAS PENDIENTES:

SOY VALIENTE POR: ______________________________

____

____

____

Junio

LUNES	MARTES
8	9

MIÉRCOLES	JUEVES
10	11

* Si no eres valiente, eres dependiente. *

VIERNES	SÁBADO
12	13

DOMINGO
14

PRIORIDADES:

TAREAS PENDIENTES:

SOY VALIENTE POR: ______________________________

Junio

LUNES	MARTES
15	16
MIÉRCOLES	**JUEVES**
17	18

* Hay días en los que el acto más valiente
es levantarte, mirarte al espejo y seguir. *

VIERNES	SÁBADO
19	20

DOMINGO
21

PRIORIDADES:

TAREAS PENDIENTES:

SOY VALIENTE POR: ____________________

Junio

LUNES	MARTES
22	23
MIÉRCOLES	**JUEVES**
24	25

* Cuando agregas duda constante en algo que verdaderamente anhelas, ya pusiste el primer obstáculo en tu camino.

VIERNES	SÁBADO
26	27

DOMINGO
28

PRIORIDADES:

TAREAS PENDIENTES:

SOY VALIENTE POR: ______________________________

Julio

Sé valiente: aprende a soltar

L	M	M	J	V	S	D
		1	2	3	4	**5**
6	7	8	9	10	11	**12**
13	14	15	16	17	18	**19**
20	21	22	23	24	25	**26**
27	28	29	30	31		

A lo largo de la vida, acumulamos personas, situaciones, pensamientos y emociones que, en su momento, nos dieron algo valioso. Pero también cargamos con aquello que nos pesa, que nos lastima, que nos impide avanzar. Aprender a soltar es un acto de amor propio, de confianza y de libertad.

Soltar no significa olvidar ni negar lo vivido, sino aceptar que hay cosas, personas, situaciones, que ya cumplieron su ciclo. Es comprender que no todo está destinado a quedarse, que algunas experiencias llegan para enseñarnos y luego es necesario dejarlas ir. A veces nos aferramos por miedo a lo desconocido, por la culpa de no haber hecho más o simplemente por la costumbre de sostener lo que nos hace daño.

Dejar ir también implica enfrentar la incomodidad de la incertidumbre. Nos acostumbramos a ciertos dolores, a ciertos desafíos, a ciertas personas, y creemos que sin ellos nos faltará algo. Pero lo que realmente falta es espacio para lo nuevo, para lo que sí nos nutre, para lo que nos hace crecer. No podemos recibir lo que merecemos si seguimos sosteniendo lo que nos lastima.

El miedo a soltar es natural, pero no podemos permitir que nos paralice. Confiar en que cada cierre trae consigo nuevas oportunidades nos ayuda a ver el cambio como un aliado y no como un enemigo. Liberarnos de lo que nos pesa nos devuelve la energía, la paz y el equilibrio que necesitamos para avanzar.

Soltar sin culpa es comprender que hicimos lo mejor que podíamos con lo que sabíamos en ese momento y con las herramientas que teníamos. Que no se trata de perder, sino de liberarnos. Que soltar no es rendirse, sino darnos la oportunidad de vivir mejor. Porque cuando dejamos ir con amor y confianza, nos abrimos a todo lo bueno que está por venir.

Cinco claves para aprender a soltar

1. **Reconoce lo que te está haciendo daño.** El primer paso para soltar es ser honesto contigo y aceptar que hay algo que ya no te hace bien.

2. **Permítete sentir.** Antes de soltar, es importante atravesar las emociones que vienen con ese proceso. No las evites, abrázalas, vívelas y déjalas fluir.

3. **Cambia la perspectiva.** En lugar de ver el acto de soltar como una pérdida, míralo como una liberación, como un espacio que abres para lo nuevo.

4. **Haz pequeños actos simbólicos.** Escribir una carta de despedida, deshacerte de un objeto, cambiar una rutina o incluso decir en voz alta "estoy listo para soltar" puede ayudarte emocionalmente.

5. **Confía en el proceso.** Aunque duela, soltar siempre trae crecimiento. Recuerda que cada vez que sueltas algo que te pesa, te acercas más a quien realmente estás llamado a ser.

Soltar sin culpa es comprender que hicimos lo mejor que podíamos con lo que sabíamos en ese momento. Que no se trata de perder, sino de liberarnos. Que soltar no es rendirse, sino darnos la oportunidad de vivir mejor. Porque cuando dejamos ir con amor y confianza, nos abrimos a todo lo bueno que está por venir.

UNOS MINUTOS PARA REFLEXIONAR:

*

Soltar no es rendirse

es avanzar.

Julio

LU	MA	MI	JU
		1	2
6	7	8	9
13	14	15	16
20	21	22	23
27	28	29	30

Por el placer de vivir

2026

VI	SA	DO
3	4	5
10	11	12
17	18	19
24	25	26
31		

NOTAS DEL MES

....

....

....

....

....

....

....

....

....

....

....

....

....

....

....

....

....

....

....

....

....

....

....

....

....

Julio

LUNES	MARTES
29	30

MIÉRCOLES	JUEVES
1	2

* Cerrar ciclos duele, pero quedarse donde no creces, donde no eres feliz, duele más. *

VIERNES	SÁBADO
3	4

DOMINGO

5

PRIORIDADES:

TAREAS PENDIENTES:

SOY VALIENTE POR: ____________________

Julio

LUNES	MARTES
6	7

MIÉRCOLES	JUEVES
8	9

* Mi conciencia me invita a perdonarte,
y lo hago, pero mi autoestima me pide alejarme. *

VIERNES	SÁBADO
10	11

DOMINGO	
12	PRIORIDADES: TAREAS PENDIENTES:

SOY VALIENTE POR: ______________________________

____

____

____

Julio

LUNES	MARTES
13	14
MIÉRCOLES	**JUEVES**
15	16

* Cerrar un ciclo no es el fin, es el principio de una nueva versión de ti. *

VIERNES	SÁBADO
17	18

DOMINGO
19

PRIORIDADES:

TAREAS PENDIENTES:

SOY VALIENTE POR: ____________________

____

____

____

Julio

LUNES	MARTES
20	21
MIÉRCOLES	**JUEVES**
22	23

* A veces el verdadero coraje no está en aguantar, sino en saber decir: hasta aquí. *

VIERNES	SÁBADO
24	25

DOMINGO
26

PRIORIDADES:

TAREAS PENDIENTES:

SOY VALIENTE POR: ____________________

Julio

LUNES	MARTES
27	28
MIÉRCOLES	**JUEVES**
29	30

* El éxito es sinónimo de perseverancia, preparación y fe. *

VIERNES	SÁBADO
31	1

DOMINGO

2

PRIORIDADES:

TAREAS PENDIENTES:

SOY VALIENTE POR: ____________________

____

____

____

Agosto

Sé valiente: defiende tus límites

L	M	M	J	V	S	D
					1	**2**
3	4	5	6	7	8	**9**
10	11	12	13	14	15	**16**
17	18	19	20	21	22	**23**
24	25	26	27	28	29	**30**
31						

Poner límites es un acto de amor propio y respeto. Es la forma en que nos cuidamos y dejamos claro cómo queremos que nos traten. Si no los ponemos, terminamos cansados, frustrados y sintiéndonos mal por hacer cosas sólo para complacer a los demás. ¿Te ha pasado alguna vez que dices que sí cuando en realidad querías decir que no?

Aprender a decir no es una de las herramientas más poderosas para cuidar nuestra paz. Muchas veces tememos que al negarnos a algo seremos rechazados o juzgados, pero lo cierto es que cada vez que decimos sí a algo que no queremos, nos estamos diciendo no a nosotros. No podemos ser todo para todos, ni estar disponibles en todo momento sin pagar un precio emocional y mental.

Los límites nos ayudan a definir qué queremos y qué no queremos en nuestra vida. No se trata de imponer barreras inquebrantables, sino de establecer un equilibrio que nos permita convivir con los demás sin perder nuestra identidad ni nuestro bienestar. Decidir quiénes tienen acceso a nuestra energía, qué situaciones estamos dispuestos a aceptar y cuándo es momento de alejarnos es un acto de valentía y responsabilidad.

Poner límites saludables no significa ser egoístas, sino establecer relaciones más sanas y auténticas. Cuando dejamos claro lo que permitimos y lo que no, nos rodeamos de personas que respetan nuestra esencia y fortalecemos nuestra autoestima. Además, nos liberamos del peso de cargar con responsabilidades y expectativas que no nos corresponden.

Decidir qué queremos y qué no queremos en nuestra vida es el primer paso para construir un camino alineado con nuestro bienestar y felicidad. No siempre será fácil, pero cada vez que establecemos un límite, nos reafirmamos en nuestra propia vida. Porque aprender a decir no, muchas veces, es decir sí a nosotros mismos.

UNOS MINUTOS PARA REFLEXIONAR:

*

Quien te quiere respeta tus límites.

Si se ofende, es que quería cruzarlos.

Agosto

LU	MA	MI	JU
3	4	5	6
10	11	12	13
17	18	19	20
24	25	26	27
31			

Por el placer de vivir
2026

VI	SA	DO
	1	2
7	8	9
14	15	16
21	22	23
28	29	30

NOTAS DEL MES

....

....

....

....

....

....

....

....

....

....

....

....

....

....

....

....

....

....

....

....

....

....

....

....

....

Agosto

LUNES	MARTES
3	4
MIÉRCOLES	**JUEVES**
5	6

* No sacrifiques tu bienestar, por miedo a incomodar a los demás. *

VIERNES	SÁBADO
7	8

DOMINGO
9

PRIORIDADES:

TAREAS PENDIENTES:

SOY VALIENTE POR: ______________________________

Agosto

LUNES	MARTES
10	11
MIÉRCOLES	**JUEVES**
12	13

* Poner límites no es cerrar la puerta, es evitar que entren sin permiso. *

VIERNES	SÁBADO
14	15

DOMINGO
16

PRIORIDADES:

TAREAS PENDIENTES:

SOY VALIENTE POR: ____________________

____

____

____

Agosto

LUNES	MARTES
17	18
MIÉRCOLES	**JUEVES**
19	20

* No es que aguante menos o que ya no te quiera, es que ahora sí me quiero. *

VIERNES	SÁBADO
21	22

DOMINGO	
23	**PRIORIDADES:**
	TAREAS PENDIENTES:

SOY VALIENTE POR: ______________________

Agosto

LUNES	MARTES
24	25
MIÉRCOLES	**JUEVES**
26	27

* Buen momento para aceptar
y creer que con fe, pasión y acción
suceden los milagros. *

VIERNES	SÁBADO
28	29

DOMINGO
30

PRIORIDADES:

TAREAS PENDIENTES:

SOY VALIENTE POR: ______________________________

Septiembre

Sé valiente: ámate

L	M	M	J	V	S	D
	1	2	3	4	5	**6**
7	8	9	10	11	12	**13**
14	15	16	17	18	19	**20**
21	22	23	24	25	26	**27**
28	29	30				

Quererte tal como eres es de las cosas más valientes que puedes hacer. En un mundo que todo el tiempo nos dice qué deberíamos cambiar o cómo deberíamos ser, elegir aceptarte sin condiciones es casi un acto de rebeldía.

Amarte no significa creer que eres perfecto ni ignorar en qué puedes mejorar. Se trata de abrazar tanto lo bueno como lo que aún estás trabajando, de saber que no necesitas la aprobación de nadie para sentirte valioso. ¿Cuándo fue la última vez que te hablaste con cariño en lugar de criticarte?

Muchas veces nos detenemos por el miedo a la opinión ajena. Nos preocupa demasiado encajar, gustar, cumplir con expectativas que ni siquiera son nuestras. Pero cuando decides amarte de verdad, dejas de darle tanto peso a lo que otros piensan. Descubres que no necesitas la aprobación de nadie para ser feliz y que tu bienestar no puede depender de la aceptación externa.

Quererse es un acto de coraje porque implica poner límites, priorizar tu bienestar y soltar lo que no te hace bien. Significa mirarte con compasión en lugar de juicio, hablarte con amor en lugar de crítica, y permitirte ser sin miedo a lo que digan los demás. No siempre será fácil, pero cada paso que das hacia el amor propio te acerca a una vida más auténtica y plena.

Cuando aprendes a quererte, dejas de compararte con otros y empiezas a enfocarte en tu propio crecimiento. Dejas de exigirte ser alguien que no eres y comienzas a abrazar la persona increíble que ya eres. Te das cuenta de que no necesitas encajar en ningún molde, porque tu esencia es lo que realmente te hace especial.

Amarte es un compromiso diario, una decisión que tomas cada día. Y cuando lo haces, descubres que la vida se vuelve más ligera, más real y mucho más libre. Porque no hay mayor acto de valentía que mirarte al espejo y decirte:
"Me quiero tal y como soy".

UNOS MINUTOS PARA REFLEXIONAR:

*

Tener coraje también es decir:

hoy me elijo a mí.

Septiembre

LU	MA	MI	JU
	1	2	3
7	8	9	10
14	15	16	17
21	22	23	24
28	29	30	

Por el placer de vivir

2026

VI	SA	DO
4	5	6
11	12	13
18	19	20
25	26	27

NOTAS DEL MES

Septiembre

LUNES	MARTES
31	1

MIÉRCOLES	JUEVES
2	3

*

Aceptarte no significa no querer mejorar,
significa amarte en cada etapa.

*

VIERNES	SÁBADO
4	5

DOMINGO	
6	**PRIORIDADES:** **TAREAS PENDIENTES:**

SOY VALIENTE POR: ______________________________

Septiembre

LUNES	MARTES
7	8

MIÉRCOLES	JUEVES
9	10

La decisión más trascendente de tu vida:
ser víctima de las circunstancias
o protagonista de tu historia.

* *

VIERNES	SÁBADO
11	12

DOMINGO

13

PRIORIDADES:

TAREAS PENDIENTES:

SOY VALIENTE POR: ____________________

____

____

____

Septiembre

LUNES	MARTES
14	15
MIÉRCOLES	**JUEVES**
16	17

*

Ser fuerte no es evitar llorar.
Es llorar, respirar hondo
y seguir adelante.

*

VIERNES	SÁBADO
18	19

DOMINGO	
20	PRIORIDADES:
	TAREAS PENDIENTES:

SOY VALIENTE POR: ______________________

____

____

____

Septiembre

LUNES	MARTES
21	22

MIÉRCOLES	JUEVES
23	24

*

La verdadera valentía no grita ni presume,
se viste de silencio y sigue su camino.

*

VIERNES	SÁBADO
25	26

DOMINGO	
27	**PRIORIDADES:**
	TAREAS PENDIENTES:

SOY VALIENTE POR: ____________________________________

Septiembre

LUNES	MARTES
28	29

MIÉRCOLES	JUEVES
30	1

*

Que las pruebas que por naturaleza pone la vida jamás te hagan dudar de lo que realmente vales.

*

VIERNES	SÁBADO
2	3

DOMINGO
4

PRIORIDADES:

TAREAS PENDIENTES:

SOY VALIENTE POR: ______________________________

Octubre

Sé valiente: cuando todo se torna difícil

L	M	M	J	V	S	D
			1	2	3	**4**
5	6	7	8	9	10	**11**
12	13	14	15	16	17	**18**
19	20	21	22	23	24	**25**
26	27	28	29	30	31	

¿Alguna vez has sentido que todo está en tu contra y que ya no puedes más? La valentía no es no tener miedo, sino decidir seguir adelante a pesar de él.

Todos pasamos por momentos en los que el panorama se ve oscuro, donde la incertidumbre y la desesperanza nos pesan. Pero justo ahí, en esos instantes difíciles, ser valiente significa dar un paso más, aunque sea pequeño. Porque rendirse puede parecer la opción más fácil, pero seguir adelante, incluso con miedo, es lo que realmente nos hace fuertes.

Cuando todo se complica, es normal sentir miedo, frustración o agotamiento. Pero la clave está en recordar que ninguna tormenta es eterna. Lo que hoy parece un laberinto sin salida, con el tiempo se convierte en un aprendizaje, en una etapa que nos hizo más fuertes. La valentía no siempre se ve como un gran acto heroico, a veces es simplemente levantarte una vez más, seguir respirando, intentarlo de nuevo.

Es en los momentos más oscuros donde descubrimos nuestra verdadera fortaleza. No se trata de no sentir dolor o angustia, sino de aceptarlos sin dejar que nos paralicen. A veces, lo más valiente que podemos hacer es pedir ayuda, apoyarnos en quienes nos quieren, darnos un respiro y recordar que merecemos seguir adelante.

Cuando todo parece nublado, enfócate en lo pequeño. Un solo paso a la vez, una sola acción, un solo pensamiento positivo puede hacer la diferencia. Recuerda todo lo que has superado, todo lo que creíste que no podrías enfrentar y lo hiciste. No te exijas ser fuerte todo el tiempo, pero sí comprométete a no rendirte, a seguir avanzando incluso con miedo.

Aquí es donde entra la resiliencia, la capacidad de adaptarnos y salir fortalecidos de los momentos difíciles. Ser resiliente no significa evitar el dolor, sino transformarlo en aprendizaje, en crecimiento, en una nueva oportunidad para reinventarnos. La resiliencia nos enseña que no importa cuántas veces caigamos, lo que realmente importa es nuestra capacidad de levantarnos y seguir adelante.

Ser valiente no significa no caer, sino encontrar la fuerza para levantarnos. A veces, el coraje se esconde en la paciencia, en la esperanza y en la fe de que esto también pasará y, cuando pase, miraremos atrás y veremos que dentro de nosotros siempre hubo más fuerza de la que imaginábamos.

UNOS MINUTOS PARA REFLEXIONAR:

*

Levántate cada mañana diciendo: **hoy enfrentaré lo que se presente y demostraré una vez más que todo es para mi bien.**

Octubre

LU	MA	MI	JU
			1
5	6	7	8
12	13	14	15
19	20	21	22
26	27	28	29

Por el placer de vivir
2026

VI	SA	DO
2	3	4
9	10	11
16	17	18
23	24	25
30	31	

NOTAS DEL MES

....
....
....
....
....
....
....
....
....
....
....
....
....
....
....
....
....
....
....
....
....
....
....
....
....
....

Octubre

LUNES	MARTES
5	6
MIÉRCOLES	**JUEVES**
7	8

* Los grandes cambios vienen acompañados de una fuerte sacudida. *

VIERNES	SÁBADO
9	10

DOMINGO
11

PRIORIDADES:

TAREAS PENDIENTES:

SOY VALIENTE POR: ______________________________

Octubre

LUNES	MARTES
12	13

MIÉRCOLES	JUEVES
14	15

* Cuando crees que no puedes más,
te das cuenta que fluir ante lo irremediable
siempre será una excelente estrategia. *

VIERNES	SÁBADO
16	17

DOMINGO	
18	**PRIORIDADES:**
	TAREAS PENDIENTES:

SOY VALIENTE POR: ______________________

Octubre

LUNES	MARTES
19	20

MIÉRCOLES	JUEVES
21	22

* De pronto la vida te da lecciones que no mereces pero que, al paso del tiempo, te harán darte cuenta de que cada una de ellas hizo evolucionar tu alma. *

VIERNES	SÁBADO
23	24

DOMINGO

25

PRIORIDADES:

TAREAS PENDIENTES:

SOY VALIENTE POR: ____________________

Octubre

LUNES	MARTES
26	27
MIÉRCOLES	**JUEVES**
28	29

* Si otro ha podido en peores circunstancias, ¿por qué tu no? *

VIERNES	SÁBADO
30	31

DOMINGO	
1	**PRIORIDADES:**
	TAREAS PENDIENTES:

SOY VALIENTE POR: ______________________________

Noviembre

Sé valiente: inspira a otros

L	M	M	J	V	S	D
						1
2	3	4	5	6	7	**8**
9	10	11	12	13	14	**15**
16	17	18	19	20	21	**22**
23	24	25	26	27	28	**29**
30						

¿Te has dado cuenta de cómo algunas personas, con sólo su actitud o sus palabras, pueden cambiarte el día? Ser una inspiración para los demás no se trata de hacer cosas extraordinarias, sino de esos pequeños gestos que marcan la diferencia. Todos pasamos por momentos de miedo y duda, y a veces, una palabra de aliento o el simple hecho de seguir adelante con valentía puede ser justo lo que alguien necesita para no rendirse. ¿Te has puesto a pensar en cuántas veces has sido esa luz para alguien sin darte cuenta?

La mejor manera de inspirar a otros a ser fuertes es siéndolo nosotros. Cuando enfrentamos nuestros propios miedos con determinación y perseverancia, demostramos que es posible seguir adelante, sin importar las dificultades. Las acciones tienen más impacto que las palabras, y al mostrar resiliencia, determinación y optimismo, alentamos a otros a hacer lo mismo.

Otra forma de contagiar fortaleza es escuchando y apoyando sin juzgar. Muchas veces, alguien que está atravesando un momento difícil sólo necesita sentir que no está solo, que hay alguien que cree en él y lo impulsa a seguir adelante. A través de nuestras palabras, podemos sembrar esperanza y recordarle a los demás que tienen la capacidad de superar cualquier obstáculo.

El poder de las palabras es inmenso. A veces, un simple "tú puedes" o "confío en ti" puede cambiar el día de alguien, incluso su destino. Compartir experiencias personales de superación también puede servir como motivación, porque muestra que el miedo, el fracaso y las dudas son parte del camino, pero no tienen por qué detenernos.

La inspiración también se encuentra en los pequeños actos de bondad y en la empatía. Un gesto de apoyo, una palabra de aliento o una acción desinteresada pueden hacer la diferencia en la vida de alguien. Mostrar que la valentía no es ausencia de miedo, sino actuar a pesar de él, ayuda a los demás a comprender que todos somos capaces de superar los momentos difíciles.

Ser un ejemplo de fortaleza no significa ser invulnerable. También es valioso mostrar que somos humanos, que sentimos miedo y que hay días difíciles. La verdadera inspiración surge cuando mostramos que, a pesar de todo, seguimos adelante, aprendemos de cada caída y encontramos razones para seguir luchando.

Cuando ayudamos a otros a descubrir su valentía, les regalamos la posibilidad de creer en sí mismos. Y en ese proceso, también nos fortalecemos, porque no hay mayor recompensa que ver cómo una palabra, una acción o un simple gesto pueden iluminar el camino de alguien más.

UNOS MINUTOS PARA REFLEXIONAR:

*

¿Te caíste? ¡Te levantas! ¿Te duele? ¡Te sobas! Pero **nunca permitas que nada ni nadie te quite tu derecho a ser feliz** y a demostrar quién realmente eres.

Noviembre

LU	MA	MI	JU
2	3	4	5
9	10	11	12
16	17	18	19
23	24	25	26
30			

Por el placer de vivir
2026

VI	SA	DO
		1
6	7	8
13	14	15
20	21	22
27	28	29

NOTAS DEL MES

....
....
....
....
....
....
....
....
....
....
....
....
....
....
....
....
....
....
....
....
....
....
....
....
....

Noviembre

LUNES	MARTES
2	3
MIÉRCOLES	**JUEVES**
4	5

* Nada reconforta más en una crisis,
que escuchar a alguien que vivió lo mismo
y lo superó. ¡Que tus palabras den fuerza! *

VIERNES	SÁBADO
6	7

DOMINGO
8

PRIORIDADES:

TAREAS PENDIENTES:

SOY VALIENTE POR: ______________________________

____

____

____

Noviembre

LUNES	MARTES
9	10
MIÉRCOLES	**JUEVES**
11	12

* No existen personas más valientes que otras, sólo hay quienes hacen frente al dolor cuando hay que hacerlo. *

VIERNES	SÁBADO
13	14

DOMINGO	
15	**PRIORIDADES:**
	TAREAS PENDIENTES:

SOY VALIENTE POR: ______________________________

____

____

____

Noviembre

LUNES	MARTES
16	17

MIÉRCOLES	JUEVES
18	19

* No importa si vas lento, lo importante es que no te detengas.

*

VIERNES	SÁBADO
20	21

DOMINGO	
22	**PRIORIDADES:**
	TAREAS PENDIENTES:

SOY VALIENTE POR: ______________________________

____

____

____

Noviembre

LUNES	MARTES
23	24
MIÉRCOLES	**JUEVES**
25	26

* Cuando sabes lo que quieres y tienes pasión por lo que haces, lo bueno siempre está por venir. *

VIERNES	SÁBADO
27	28

DOMINGO	
29	**PRIORIDADES:** **TAREAS PENDIENTES:**

SOY VALIENTE POR: ____________________

____

____

____

Diciembre

Celebra tus logros,
reconoce tu valentía

L	M	M	J	V	S	D
	1	2	3	4	5	**6**
7	8	9	10	11	12	**13**
14	15	16	17	18	19	**20**
21	22	23	24	25	26	**27**
28	29	30	31			

A veces estamos tan enfocados en lo que nos falta que se nos olvida todo lo que ya hemos logrado. Nos exigimos tanto que ni siquiera nos damos chance de mirar atrás y darnos cuenta de lo lejos que hemos llegado. Pero ¿qué pasaría si hoy te detienes un momento y te reconoces todo lo que has hecho? Cada esfuerzo, cada tropiezo superado, cada paso que diste, aunque fuera con miedo, merece ser valorado.

Celebrar tus logros no es ser arrogante, es darte el crédito que mereces. No importa si parecen pequeños, cada avance, cada decisión difícil que tomaste, cada vez que seguiste adelante cuando lo más fácil era rendirse, es una prueba de tu valentía. Has sido más fuerte de lo que crees... ¿por qué no te lo recuerdas más seguido?

Reconocerlo no significa esperar grandes reconocimientos externos, sino aprender a darte el valor que mereces. Date un momento para agradecerte, para reconocer tu esfuerzo. Celebra cada victoria, incluso aquellas que parecen insignificantes. La vida no se trata sólo de alcanzar grandes metas, sino de disfrutar el camino, de honrar cada paso que das, por pequeño que parezca.

Valorar lo que has hecho no sólo fortalece tu confianza, sino que también te impulsa a seguir avanzando con motivación. Agradece cada experiencia, cada aprendizaje, cada caída que te enseñó a levantarte. Agradece la fortaleza que has desarrollado y la persona en la que te has convertido.

Hoy, haz una pausa y reconoce tu propio mérito. Mírate con los ojos de alguien que admira tu esfuerzo, que reconoce tu valentía y que sabe todo lo que has dado para llegar hasta aquí. Celebra tus logros, celébrate a ti, porque todo lo que has hecho hasta ahora vale y merece ser reconocido.

UNOS MINUTOS PARA REFLEXIONAR:

*

Nunca es tarde para detenernos y

agradecer por todo lo que nos da salud y esperanza.

Diciembre

LU	MA	MI	JU
	1	2	3
7	8	9	10
14	15	16	17
21	22	23	24
28	29	30	31

Por el placer de vivir

2026

VI	SA	DO
4	5	6
11	12	13
18	19	20
25	26	27

NOTAS DEL MES

Diciembre

LUNES	MARTES
30	1
MIÉRCOLES	**JUEVES**
2	3

* No permitas que el pasado te defina.
La culpa sirve para tres cosas: perdonar,
perdonarme y aprender. *

VIERNES	SÁBADO
4	5

DOMINGO	
6	**PRIORIDADES:** **TAREAS PENDIENTES:**

SOY VALIENTE POR: ______________________

Diciembre

LUNES	MARTES
7	8
MIÉRCOLES	**JUEVES**
9	10

* Me di cuenta de lo valiente que soy cuando miré hacia atrás y constaté la cantidad de obstáculos que he vencido.

*

VIERNES	SÁBADO
11	12

DOMINGO
13

PRIORIDADES:

TAREAS PENDIENTES:

SOY VALIENTE POR: ______

______

______

______

Diciembre

LUNES	MARTES
14	15
MIÉRCOLES	**JUEVES**
16	17

Cada vez que pensaste en rendirte y no lo hiciste, estabas siendo más fuerte de lo que creías.

*

*

VIERNES	SÁBADO
18	19

DOMINGO
20

PRIORIDADES:

TAREAS PENDIENTES:

SOY VALIENTE POR: ______________________

Diciembre

LUNES	MARTES
21	22
MIÉRCOLES	**JUEVES**
23	24

* Brindemos por quienes critican todo lo que lograste sin saber todo lo que te esforzaste.

*

VIERNES	SÁBADO
25	26

DOMINGO
27

PRIORIDADES:

TAREAS PENDIENTES:

SOY VALIENTE POR: ______________________________

Diciembre

LUNES	MARTES
28	29
MIÉRCOLES	**JUEVES**
30	31

* Es fácil olvidar lo lejos que has llegado
cuando estás enfocado en lo que aún falta.
Date un respiro y celebra tu camino. *

* NOTAS *

PRIORIDADES:

TAREAS PENDIENTES:

SOY VALIENTE POR:

Mis mejores momentos 2026

*

*

*

*

*

*

*

*

*

ENE

L	M	M	J	V	S	D
				1	2	**3**
4	5	6	7	8	9	**10**
11	12	13	14	15	16	**17**
18	19	20	21	22	23	**24**
25	26	27	28	29	30	**31**

FEB

L	M	M	J	V	S	D
1	2	3	4	5	6	**7**
8	9	10	11	12	13	**14**
15	16	17	18	19	20	**21**
22	23	24	25	26	27	**28**

MAY

L	M	M	J	V	S	D
					1	**2**
3	4	5	6	7	8	**9**
10	11	12	13	14	15	**16**
17	18	19	20	21	22	**23**
24	25	26	27	28	29	**30**
31						

JUN

L	M	M	J	V	S	D
	1	2	3	4	5	**6**
7	8	9	10	11	12	**13**
14	15	16	17	18	19	**20**
21	22	23	24	25	26	**27**
28	29	30				

SEPT

L	M	M	J	V	S	D
		1	2	3	4	**5**
6	7	8	9	10	11	**12**
13	14	15	16	17	18	**19**
20	21	22	23	24	25	**26**
27	28	29	30			

OCT

L	M	M	J	V	S	D
				1	2	**3**
4	5	6	7	8	9	**10**
11	12	13	14	15	16	**17**
18	19	20	21	22	23	**24**
25	26	27	28	29	30	**31**

2027

MAR

L	M	M	J	V	S	D
1	2	3	4	5	6	**7**
8	9	10	11	12	13	**14**
15	16	17	18	19	20	**21**
22	23	24	25	26	27	**28**
29	30	31				

ABR

L	M	M	J	V	S	D
			1	2	3	**4**
5	6	7	8	9	10	**11**
12	13	14	15	16	17	**18**
19	20	21	22	23	24	**25**
26	27	28	29	30		

JUL

L	M	M	J	V	S	D
			1	2	3	**4**
5	6	7	8	9	10	**11**
12	13	14	15	16	17	**18**
19	20	21	22	23	24	**25**
26	27	28	29	30	31	

AGO

L	M	M	J	V	S	D
						1
2	3	4	5	6	7	**8**
9	10	11	12	13	14	**15**
16	17	18	19	20	21	**22**
23	24	25	26	27	28	**29**
30	**31**					

NOV

L	M	M	J	V	S	D
1	2	3	4	5	6	**7**
8	9	10	11	12	13	**14**
15	16	17	18	19	20	**21**
22	23	24	25	26	27	**28**
29	30					

DIC

L	M	M	J	V	S	D
		1	2	3	4	**5**
6	7	8	9	10	11	**12**
13	14	15	16	17	18	**19**
20	21	22	23	24	25	**26**
27	28	29	30	31		

MUCHAS GRACIAS POR ACOMPAÑARME EN ESTE 2026

Se fue 2026 y con el año, muchas vivencias, lágrimas, momentos divertidos y grandes experiencias.

Espero que haya sido un año de logros y sonrisas, de felicidad enorme con tus seres queridos y de gran crecimiento personal.

Deseo con el alma que cada día haya dejado en ti esperanza y muchas ganas para continuar con tus proyectos. Puedo asegurarte que, sin importar la circunstancia en la que te encuentras ahora, eres un ser humano muy valioso que merece las mejores oportunidades y los días más luminosos, también sé que si aplicaste —y aplicas— tu valentía para las cosas que valen la pena, para el bien y el amor, la respuesta siempre será favorable.

Muchas gracias por permitirme caminar contigo este año, muchas gracias por escribir en estas páginas tus anhelos y fechas importantes, espero que la vida nos dé muchas ocasiones para avanzar juntos, para crecer y compartir, para ser felices y cada uno, desde su trinchera, con amor y valentía busquemos con gran esfuerzo el bienestar para nosotros y nuestros seres queridos, y ser una pequeña luz en el sendero de los demás.

No me queda más que darte las gracias por tu compañía y tu confianza, de corazón, gracias, siempre, no olvides que cada día nos espera para demostrar nuestra valentía sólo **¡por el placer de vivir!**

César Lozano

¡Sé valiente!